Y0T8CFG2HJW
5RT1 **DIME** 3UM
CEI9 **CÓMO** 2FSI
B **TE LLAMAS** 3
2UB5C **Y** TV9Q4
D3I **TE DIRÉ** S5I
X **TU DESTINO** 2
YUM7W0UB5V1

ELIZABETH FERNÁNDEZ

Fernández, Elizabeth
Dime cómo te llamas y te diré tu destino - 1a ed.
Buenos Aires : Dos Tintas, 2009.

1. Numerología. I. Título
CDD 133.33

© Dos Tintas SA
Balcarce 711

INDICE

AGRADECIMIENTOS

Está dicho que ningún libro se escribe solo, y eso es muy cierto.

Este tiene detrás de sus paginas toda una historia; la mía y las historias no se escriben solas, por eso debo agradecer a un sin número de personas que han participado en mi crecimiento, que han ido abriendo puertas de mi saber y que han tenido fe en mí; sería muy extenso nombrarlas a todas pero sepan que están aquí.

Pero hay seres que sí tengo que nombrar especialmente, entre ellos están mis dos amados hijos, Ángeles y Martín, que son el soporte de mi vida; por ellos y para ellos estoy aquí, gracias por el aguante.

Después está Ale, "Mi caballero de la brillante armadura", si en la vida uno debe descubrir si el corazón llora y ríe, canta o enmudece para poder crecer, yo les diría que sí, y por eso le agradezco a mi caballero que me haya liberado de la torre donde estaba encerrada.

Perla y Manuel, porque independientemente de mí, sin ellos hoy no sería quien soy ellos, me han ayudado a andar los caminos de una manera diferente, me ayudaron a recordar desde el fondo de mi alma, para qué vine y eso es lo más.

Y no me puedo olvidar de Ana porque sin ella este proyecto no sería nunca una realidad.

A ellos, a mi familia, a mis amigos y ha todos los que lleguen a leer este libro, el más grande de mis agradecimientos, porque sin todos ustedes mi historia no sería una historia.

Elizabeth

INTRODUCCIÓN

"Los humanos tejen su destino a causa de su nombre"
(Hermes Trimegisto)

Einstein señala que Dios no jugaba a los dados cuando creó el mundo.

"Nadie nace un día antes ni muere un día después aunque nosotros aún no lo comprendamos."

El nombre de un país o de una persona y hasta de un negocio posee vibraciones únicas, positivas o no, que marcan su destino y sus posibilidades de éxito a lo largo de la vida. La numerología transforma las letras en números y de esta manera nos permite encontrar la magia oculta en nuestro nombre permitiéndonos reconocer nuestras virtudes y defectos para poder corregirlos o desarrollarlos según el caso.

El objetivo de este libro consiste en que nos amiguemos con nuestros nombres, los valoremos tal cual son, que les podamos dar la importancia que tienen, para lograr ocupar el lugar que se nos ha asignado dentro de la inmensa cadena del universo.

La ciencia de los números nos muestra a partir del nombre elegido al nacer y la fecha del cumpleaños, las posibilidades de cada uno.

El día en que nacemos se nos otorgan poderes, que conservaremos a lo largo de toda nuestra existencia en este planeta. La única opción que todos y cada uno de nosotros tenemos es la de seguir los aspectos negativos o positivos de los mismos.

Por esa misma razón, cada uno de nosotros, nos guste o no, tiene el nombre que nos corresponde.

El nombre de cada individuo es como su propio mantra, posee sonido e imagen, los cuales generan una vibración energética que nos acompañará siempre. En el origen de todas las civilizaciones hallamos la creencia de que otorgar un nombre concede poder sobre quien lo recibe.

Existen nombres de fuerza y otros que no lo son tanto. Si observamos cuidadosamente los nombres de los triunfadores o de los que de alguna manera se han destacado en la vida, veremos que la mayoría termina en ON: Colón, Napoleón, Newton, Perón, Washington, Edison, Monzón, Alain Delon, Charlón Heston, Platón o Nerón. En otros casos también comienzan, como Onassis. Es de gran importancia y decisivo si estas dos letras existen en alguna parte del nombre o apellido, como ser Carlos Ponti, Belmondo, Jane Fonda. Otra forma de éxito indiscutible y arrollador, la otorgan las combinaciones de las letras BO o SI: Bonaparte, Simón Bolívar, Borges, Bogart, Sinatra, Kissinger, Classius Clay.

Cuando la letra N figura al final de un nombre o apellido, da condiciones expansivas y extrovertidas, pero si la misma

8

DIME CÓMO
TE LLAMAS

es inicial, indica todo lo contrario, ya que restringe, haciendo por lo general a la persona más introvertida.

El nombre de cada uno es un mundo, nuestro mundo, el que nos representa, nos presenta y nos individualiza, empieza y termina en Uno, es único e irrepetible, porque lleva nuestro sello.

Cada nombre es la alianza con el Universo. Es la ligazón que nos impone el Destino.

El nombre es una vibración armónica o no, que al conjugarse con los apellidos se convierte en una voluntad.

Gracias al análisis numerológico, podemos tratar de reconocer nuestras limitaciones y descubrir cuáles son las actividades a las que estamos destinados.

La numerología es una matemática sencilla, en la que no es necesario poseer dotes de clarividentes, ni percepción extrasensorial cada persona al nacer está dotada de cuatro números personales: número de la lección de la vida, número del alma, el número de la personalidad externa y el número de la vía del destino.

Estos números personales vienen determinados por la fecha de nacimiento y por el nombre que cada uno recibe al nacer.

Una gran parte de nuestra comprensión espiritual y científica de los números se la debemos a Pitágoras, nacido entre los años 600 a 590 a.C., en la isla Griega de Samos en Egeo. Durante su juventud se trasladó a Egipto, donde fue iniciado en ciertas doctrinas matemáticas. Se cree también que más tarde estudió con Zoroastro, el sabio persa y que aprendió la cábala en Judea; el padre de las matemáticas, aunque se lo recuerda más por su famoso teorema, fue ante todo un gran místico y filósofo. Creía que todas las cosas son números y que los números eran entidades espirituales.

Enseñaba también que los números tienen una significación independiente del valor que señalan sus signos, los números representan cualidades y los signos representan cantidades. Los números operan en el plano espiritual, mientras que los signos sirven para medir las cosas en el plano material.

LOS NÚMEROS DEL 1 AL 9

Toda numerología se basa en el estudio de los números del **1** al **9**, ya que todos lo números que pasan de **9** se pueden reducir a una sola cifra que está dentro de este intervalo. Por ej.: Los números **10** y **19**.

Se convierten ambos en el número 1 siguiendo el siguiente método **1 + 0 = 1** y **1 + 9 = 10 = 1**, lo mismo sucede con el resto de los números que conocemos.

En este capítulo vamos hacer una pequeña reseña de lo que ellos representan desde su acción vibracional.

1. Representa el principio masculino, el Yang. Es el pionero que avanza solo, se halla en proceso de descubrir sus propias capacidades. Es energía en estado natural, positivo, original y creativo, en perpetuo movimiento. Al encontrarse solo e imbuido de su gran energía creativa, debe decidir cómo usar tal energía. Debe tomar las riendas y tener el valor de mantener el rumbo sin miedo a la oposición. El número uno es el verdadero "yo soy" de la humanidad, la unidad de medida vibratoria. Es autoconciencia.

Palabra clave original, independiente, agresiva, individualista, creativa, dominante, el primero en una serie, el comienzo de toda operación, líder, el jefe al que gusta la autoridad. "Aquel que avanza hacia adelante".

2. El par, el dúo. Mutable y adaptable, puede mostrarse también indeciso. Es el agente, el mediador, el diplomático y pacificador. El dos representa el principio femenino de receptividad, el yin, que permite la unión de dos entidades distintas. El dos establece el equilibrio entre dos fuerzas opuestas y, por consiguiente, representa la cooperación, la solidaridad y la asociación. Actúa como pacificador y presta ávida atención a los detalles. Al ser tan consciente de las oposiciones, tiene un pronunciado sentido del ritmo y la armonía. La música atrae su naturaleza compasiva y emocional. La característica maternal, paciente y sensitiva del dos le induce a ceder el primer lugar a otros. Busca la unión, no la separación por lo cual se muestra obediente y comprensivo.

Palabras clave: adaptable, político, amable, precavido, un seguidor más que un dirigente.

3. Combina las cualidades del uno y el dos. Posee las cualidades de manifestación y autoexpresión. El tres significa la necesidad de comunicar y se sumerge en la pura alegría de vivir. Irradia alegría y entusiasmo. El tres es el extravertido cuyo magnetismo personal arrastra a los demás y les impulsa a expandirse y desarrollarse. Su imaginación creativa permite que todas las cosas sean posibles, por lo cual aparece involucrado en muchas emociones, variedad, si hay algún número que se puede llamar irresponsable, el calificativo corresponde al tres.

Palabras clave: expansivo, sociable, espectacular, comunicativo, diversificado, creativo.

4. Es la estabilidad, una conciencia cuadrada, el símbolo de la ley, el sistema y el orden, la firmeza, la seguridad, la estabilidad y el conservadurismo. El cuatro es la naturaleza y se relaciona con la tierra. De acuerdo con la historia bíblica la tierra se formó el cuarto día.

Este número desarrolla una naturaleza práctica y gracias a la autodisciplina, se fuerza a sí mismo a un ejercicio convencional y rutinario de su energía.

Palabras clave: forma, trabajo, orden, espíritu práctico, construcción, estabilidad, resistencia, disciplina.

5. Es la libertad, el cambio, la aventura. La actividad y la curiosidad constantes producen una entidad ingeniosa, adaptable y versátil, siempre dispuesta a aprovechar las oportunidades. El cinco interviene en un gran número de interacciones superficiales con grupos y multitudes. Gracias a sus diversas experiencias pasadas, es el promotor y publicitario por naturaleza, de fácil comunicación, en posesión de un poco de información sobre muchas cosas y siempre deseoso de andar de allá para acá con objeto de comunicarla. El cinco atrae al sexo opuesto por su irresistible magnetismo.

Palabras clave: versatilidad, ingenio, adaptabilidad, cambio, actividad, viaje, aventura, promoción, especulación.

6. Concienzudo, el seis desea difundir la armonía, la verdad, la justicia y el sentido del equilibrio en su ambiente medio. En su mente predomina el amor y la compasión. Por consiguiente, puede ser un excelente maestro, consejero o sanador. Los demás se sienten atraídos por la comprensión que emana de él.

Es una vibración doméstica y artística. El seis desea un compañero íntimo, el matrimonio y un hogar, una familia en donde reine la familia, de esto se sigue lógicamente una necesidad de armonía en el grupo y de servicio a la comunidad, en la que puede crear mejores condiciones de vida. Dotado para el arte.

Palabras clave: responsabilidad familiar y social, servicio, amor, compasión, consejo, poderes curativos, creatividad.

7. Él busca respuestas. Procura establecer una filosofía de vida e intenta penetrar en el misterio que se oculta tras la existencia, sobre el cual nadie se había interrogado. Al ser necesaria la soledad para un análisis, el siete siente la urgencia de permanecer solo, lejos de las multitudes, en contacto con la naturaleza. Se procura la amistad de los seres de elevada conciencia. Y Dios descansó el séptimo día, todas las cosas descansan bajo el siete, ya que necesita tiempo para pensar. Para el siete las metas durante tanto tiempo perseguidas se alcanzan ahora mágicamente. Se dispone de tiempo libre para dedicarlo a los intereses filosóficos y metafísicos. El razonamiento perfecto constituye la meta del siete. Por eso se lo llama el número sagrado, por ello se hallan bajo su influencia científicos, filósofos, maestros, místicos y clérigos. La faceta física del siete se relaciona asimismo con la salud del cuerpo, muy sensibilizada por esta vibración.

Palabras clave: tranquilo, introspectivo, intuitivo, analítico, inspirador, inclinado a la reclusión, filosófico, místico.

8. El asumir el poder. Para lo cual habrá logrado el control y la responsabilidad en el campo elegido. Obtendrá reconocimiento y recompensas financieras y conseguirá expansión y desarrollo en el mundo de los negocios. El poder constituye la cualidad asociada con el ocho. El ardor, el celo, la resolución y la capacidad de ver las cosas en término amplios le inspiran ambición, añadiéndose a esto las cualidades para conquistar objetivos materiales. El ocho posee el vigor preciso para superar todos los obstáculos y termina por triunfar gracias a su capacidad y su perseverancia. Con sus normas éticas y justas, sus capacidades de buen juicio y organización, logrará el reconocimiento, el poder y la recompensa financiera.

9. Es la abnegación y compasión. Puesto que su amor lo abarca todo, desea aplicar su energía al servicio del universo. El nueve confiere una visión de la verdad impersonal, pero justa, generosa, benévola y paciente. Artista, pensador, desarrolló sus cualidades en los ciclos anteriores y está dispuesto a compartir sus conocimientos con el resto del mundo. El nueve se halla preparado para devolver en cierta medida al universo lo que aprendió durante los ochos grados previos del ciclo. La ley de la ciclicidad no permite pérdidas y exige rendimientos a cambio de consumo. Cuando se acepta así, la perfección alcanzada bajo el nueve aporta sólo alegrías como un regalo de la vida, además la libertad e entrar en el nuevo ciclo sin impedimentos.

Palabras clave: amor, compasión, paciencia, universalidad, tolerancia, servicio abnegado, desenlaces.

DOBLE PERSONALIDAD

Los números tienen como todo lo que representa una energía, un lado positivo y un lado negativo, o sea que poseen dos facetas. Cada persona puede cultivar ya sea la parte positiva o negativa del mismo número.

Por lo tanto se verá que mientras con Juan, determinado guarismo es "bueno"... no lo es con José. Y lo curioso es que la vibración en sí misma la tiene tanto Juan como José. Sólo que uno la utiliza y otro no.

Todo está en uno... Esa es la enseñanza oculta que nos entregan los enigmáticos números, con sus interpretaciones, hechas a nuestra medida terrestre. Nuestro pensamiento los convierte en una fuerza activa o pasiva.

Ser negativo: significa que las energías son utilizadas de manera errónea.

Valores de ambas equivalencias

1. Positivo: Dignidad, independencia, iniciativa.
1. Negativo: Vanidad y egoísmo sin medida.

2. Positivo: Idealismo, belleza, suavidad y armonía.
2. Negativo: Inconstancia, torpeza, confusión de ideas.

3. Positivo: Jovialidad, benevolencia, riqueza, generosidad.
3. Negativo: Ostentación, codicia, desenfreno, injusticia.

4. Positivo: Originalidad, habilidad, economía y filosofía.
4. Negativo: Excentricidad, terquedad, vagancia, perversión.

5. Positivo: Inquietud, lógica, pensamiento, elocuencia.
5. Negativo: Inestabilidad, lasciva, desorden, astucia.

6. Positivo: Gracia, talento, arte, amor puro.
6. Negativo: Espíritu de contradicción, sensualidad animal, pereza.

7. Positivo: Inspiración, espiritualidad, genialidad, romanticismo.
7. Negativo: Locura, caos, fraude, histeria, vida nómada.

8. Positivo: Reflexión, constancia, justicia, fidelidad.
8. Negativo: Desconfianza, tristezas, pobreza, lentitud.

9. Positivo: Comprensión rápida, fuerza, energía, combatividad para adelantar.
9. Negativo: Violencia, odios, aventuras, tiranía y destrucción.

CÓMO LEER EL ABC

Para poder abocarnos al significado clave, encerrado en nuestro nombre, haremos uso de la numerología. Por lo tanto le asignaremos un valor numérico a cada letra del abecedario: A=1,B=2, C=3, y así sucesivamente.

A partir de la I, a la cual le corresponde el n° 9, hay que reducir el valor de las demás a un solo dígito. Por ejemplo, a la letra L le corresponde el valor numérico 12, para reducirlo basta sumar ambos dígitos, lo que nos da 1+2= 3.De forma que el número 12 lo escribimos así: 12/3.

Lista numérica de cada una de las letras del alfabeto:

A	1	J	10/1	S	19/1
B	2	K	11/2	T	20/2

C	3	L	12/3	U	21/3
D	4	M	13/4	V	22/4
E	5	Ñ y N	14/5	W	23/5
F	6	O	15/6	X	24/6
G	7	P	16/7	Y	25/7
H	8	Q	17/8	Z	26/8
I	9	R	18/9		

Mediante el uso de nuestra tabla, cualquier palabra se reduce a una vibración numérica. Ensayemos con algunos nombres.

Á	N	G	E	L	E	S		
1	5	7	5	3	5	1	=	**27/9**

M	A	R	T	Í	N		
4	1	9	2	9	5	=	**30/3**

Ahora bien, hay cuatro dobles dígitos que no suelen reducirse. Se los llama números capitales, estos son: 11, 22, 33, 44. Siempre que llegue a estos números, reténgase el valor numérico capital.

Una persona cuyo nombre vibre de acuerdo con un número capital, por ejemplo el 11, fluctuará entre este y su número básico, el 2. Teniendo en cuenta que la vibración del número capital es tan potente le resultará imposible sostener esa vibración permanentemente. Pasar bajo el número básico durante breves períodos, le reportará una cuota de respiro que lo fortalecerá y le permitirá acumular fuerzas para actuar de nuevo bajo la influencia del número capital.

NÚMERO RAÍZ

Cualquier combinación que se reduzca a una cifra es el resultado de un par de números, por ej:

$$89 = 8 + 9 = 17 = 1 + 7 = 8$$

Siendo el 8 el número final. Esta información numérica nos da la clave de la raíz que nos llevó al número 8.

Raíz de 1: si procede de...

10, simboliza éxitos, suerte, vida muy activa, espíritu viajero y da cierta inestabilidad en el orden sentimental. Es dirigente por naturaleza. Y aunque avance paso a paso logrará sus objetivos. Es un alma "vieja".

19, por lo general es una mente brillante que necesita carta blanca. Es todo o nada. Necesita armonizarse con su entorno para no caer en tiranías. Este número promete poder, dichas y ayuda de toda clase. Debe realizar actos de amor universal.

28, señala posibilidades de procesos judiciales. Indeciso. Es combativo, luchador y de gran energía latente. Autoritario y excluyente. Bastante desconsiderado, intolerante y comete muchos errores.

37 ó 73, recibirá ayudas de familiares y amigos. Posiblemente es la combinación del uno, menos altanera y dominante. Hay capacidad y grandes ideas. Buen diplomático, abogado, consejero. Reservado y muy capaz mentalmente.

46 ó 64, señala una vida de altibajos continuos y a veces inexplicables. Él podría ser su mayor enemigo, porque quiere tenerlo todo ya y sin excusas... Vive en el pasado y choca con el futuro. Personalidad bastante dominante e impulsiva.

55, nervios y tensiones... porque sí, porque no y por las dudas. Muy quisquilloso, ambicioso y terco. Muchas veces se queda solo a causa de que es difícil convivir con él. En su vida no faltarán dificultades. Y si no trabaja bien, tampoco le faltará hambre...

Raíz de 2: si procede de...

20, hay gran deseo de sobresalir, de renombre y de ser reconocido por lo que realiza. Es una vida de sorpresas, que se alternan entre lo bueno y lo malo. Es inteligente, despierto y si encuentra la armonía entre la realidad y sus fantasías puede llegar muy alto.

29, aquí hay gran creatividad en todo sentido y una fuerte emotividad humana. También hay que vencer algunos traumas, encerramiento y timidez. A veces el orgullo no le deja ver sus errores. Aunque es generoso es bastante individualista. Le cuesta trabajo tomar decisiones.

38 u 83, actividad y cambios es la clave. Aunque es introvertido, comprende mucho a los demás y es muy útil en puestos de responsabilidad humana. Está dotado para el arte. En su vida intervendrán más mujeres que hombres. Intuitivo y sensible, pero muy cambiante.

47 ó 74, esta formación del 2 resulta la más efectiva y exitosa. Muy apto para puestos de jerarquía. Corre peligros de excesos emocionales. Una mente fértil que capta ideas al instante. Trabaja eficientemente y tiene una fuerte voluntad.

92, persona muy complicada y de dobles intenciones. Depresivo e introvertido. No nació para puestos de avanzada. Puede caer en delincuencia si no hay alta moral. Debe ser guiado desde muy pequeño. Necesita mucha orientación.

Raíz de 3:

Si proviene del 12, hay una clara tendencia al sacrificio. Vida llena de contrariedades, angustias y caídas. Puede estar pagando un duro karma. Todo el bien que realice, le será tenido muy en cuenta.

21, ambicioso pero no codicioso. Puede dejar su nombre en el mundo porque tiene gran conciencia cósmica. Hay un gran deseo de libertad. Posee talento que debe emplearse en beneficio de la humanidad.

30, estará atraído por artes y literatura, ya que tiene una enorme creatividad. Puede conseguir éxitos económicos, honores, prestigio y la concreción de variadas metas. Buen médico, abogado, profesor. Es idealista y tiene dotes proféticas.

48 ó 84, persona llena de tensiones y conflictos. Se desorienta con mucha facilidad. Es bastante incomprensible y muy difícil de complacer. Hay falta de estabilidad mental. No está muy preparado para la dura lucha de la existencia.

57 ó 75, si bien es impulsivo y a veces agresivo, también es original. Tiene reacciones imprevisibles y grandes problemas sentimentales. Vida de muchos altibajos. Por lo general está de mal humor y debe soportarse a sí mismo...

66, persona abnegada, idealista, sociable y generosa, a veces puede resultar indecisa, sabe dar buenos consejos a otros... pero desastrosos consejos a sí mismo. Cuando entrega su amor, lo hace en forma total.

Raíz de 4:

Procedente del **13 ó 31**, anuncia situaciones de luchas y serios problemas económicos. Hay tensiones, desarmonías y rupturas en general. La mayoría de sus proyectos no se concluyen.

40, bloqueos y neurosis. Ve todo negro y eso le lleva a un desorden de conducta y objetivos. Por lo general es persona egoísta y sólo interesada en su propio yo. Debe mejorar mucho si no quiere terminar su vida en soledad.

49 ó 94, personalidad inestable. Vive muy tensionado. Se exige o le exigen mucho trabajo del cual saca pocos resultados económicos. Abusan de su bondad.

58 u 85, confuso, retraído. Arriesga poco y entonces gana poco. Siempre lleno de inquietudes y melancolías. Habrá disgustos y contrariedades en los afectos. También su economía sufrirá grandes altibajos.

67 ó 76, posee facultades artísticas y creativas. Es bastante maduro y puede conseguir objetivos sin ayuda de nadie. Las amistades lo ayudarán siempre. Tiene un enfoque práctico de la vida y gran sentido común.

Raíz de 5:

Si procede del **14**, hay gran energía, iniciativa, geniales ideas y gran sabiduría de la vida. Es diplomático y aspira a altos puestos. Puede estar muy bien económicamente. Aunque quizás decida entregarse a lo esotérico o al sacerdocio, dejando de lado lo material.

23 ó 32, inteligente, capaz, pudiendo llegar a la riqueza o a la fama. También es muy apto para el mundo de la medicina. Sabe ayudar a otros y se espera una vida de felicidad, amor y contactos a grandes niveles. Y hasta la posibilidad de un golpe de suerte.

68 ó 86, siente una gran atracción por el lujo y las comodidades de la vida terrestre. El poder le fascina y si llegase a alcanzarlos se mostraría intrigante y tirano. En su vida pasará por muchos altibajos pudiendo ganar o perder más de una fortuna.

50, hay un gran magnetismo personal. Es inspirado, creativo, comprende a la gente y esta lo busca para solicitarle consejos. Muy sociable, afectuoso, pudiendo alcanzar el liderazgo, si lo desea. Sólo se marcan penurias en el terreno afectivo.

77, buena suerte. Popularidad. Muchos viajes. Mejorará en su vida social aunque empiece desde la nada. Una existencia de afectos y realización en general. Inesperados ascensos y dinero de fuentes diversas.

59 ó 95, temerario, pero imprudente. Bastante irresponsable y muy indeciso en sus opiniones. Tendrá que pasar por varios fracasos hasta lograr algo sólido. Si se controla es capaz de hacer muchas cosas en bien propio y de los demás.

Raíz de 6:

Si proviene del **15 ó 51**, hay tendencia al éxito personal, pero no siempre de buena fuente. Si bien tiene voluntad y perseverancia también es muy astuto. Y si dañara a alguien, se haría el distraído. Es pasional y persona sin términos medios.

24 ó 42, una naturaleza noble y humana, con gran amor a los suyos y a los animales. Le interesa promover el desarrollo en el campo escolar o científico. Muy perceptivo del mundo oculto. Puede dedicarse a la psiquiatría. Todo lo hará con sacrificio y abnegación.

33, tiene una gran misión y lo dará todo sin esperar nada, honrado, creativo, muy humano. Ha nacido para contribuir a la mejora del mundo. Por lo general es un espíritu milenario y en muchas ocasiones maestro de maestros.

69 ó 96, conflictos. Tiene poca fe en sus facultades. El dinero es la única meta de existencia. Podría recibir un golpe de suerte, y si no sabe manejarlo quedaría más pobre que antes. Problemas matrimoniales por inconstancia.

78 ó 87, hay una gran potencia alcanzada a través de vidas anteriores, augurando éxito profesional y de familia. Hay idealismo y un gran equilibrio. Seguro, confiable y humano. Excelente jefe de grandes empresas familiares o internacionales.

Raíz de 7:

Si procede de **16**, se trata de un destino de muchos altibajos sujeto a varias severidades kármicas. Advierte del peligro de accidentes y de caídas económicas intermitentes. Viene arrastrando muchos problemas desde la vida anterior. Debe conectarse con Dios, orando permanentemente. Y perdonar para ser perdonado.

25 ó 52, la marina y aviación son afines a este número. Periodismo, psicología, medicina o cualquier profesión antes que el comercio. Es una combinación difícil y de rivalidades afectivas. Altibajos de conducta. Se muestra solitario aunque esté casado. Filosófico y espiritual, tendrá que descubrir cuál es su misión en esta vida.

34 ó 43, inteligente, tiene sabiduría y gran facilidad de palabra. En su vida pueden haber muchos viajes o bien trabajar en empresas que se dediquen a ello. Es muy psíquico y si no se desvía de sus propósitos humanos, el cosmos le entregará a manos llenas lo que ya se ganó en vidas anteriores.

61, persona generosa y abnegada. Intelectual, refinado y sensible. Le interesa el lado oculto de la vida. Podría ser un soltero empedernido o bien costarle mucho salir de la soledad. Los demás lo ven evasivo y complicado. Contradictorio en casi todo lo que emprende. Su vida no será fácil.

70, mente investigadora. Tendrá una existencia cambiante, pero llena de oportunidades. Viajes, negocios, movimientos. Entre todos los números siete es el único capaz de aceptar sociedades, sin problemas. Práctico, sereno y con gran capacidad de mando en puestos de responsabilidad.

79 ó 97, esta combinación es muy parecida al 16. Encerramiento, decepciones, desilusiones, problemas de familia y grandes conflictos laborales. Es muy rebelde, pero sin una idea fija de lo que quiere realizar y sin elementos suficientes para hacerlo.

88, si bien hay energía y fuerte temperamento, puede resultar antipático y altanero, creándose enemistades a cada paso. Le convendría ser más diplomático y cultivar el tacto, para que no se le derrumben sus audaces proyectos. Tiene una mente sutil, pero demasiado personalista.

Raíz de 8:

Si procede de **17 ó 71**, intuitivo, misterioso, profundo y sumamente capaz. Es prudente y tiene una gran comprensión de la vida. En los momentos difíciles la suerte se pondrá de su lado, lógicamente si lo que busca es el bien propio y de los demás. Por lo general es optimista y a veces es genial. Muy buen ejecutivo o dirigente.

26 ó 62, da cambios o falta de perseverancia. Lo que le hace fracasar en muchas empresas laborales o afectivas. Se trata de un número kármico que le obligará a conocer la tierra que pisa, a través de muchas experiencias. Asimila rápido y bien, pero tiene tanto mundo interior que se desconecta fácilmente de la realidad.

35 ó 53, hay una vitalidad inagotable. Este número suele ser portador de una buena posición económica. También interviene en los puestos de poder. En su vida personal las cosas pueden ser muy distintas trayendo melancolías, obstáculos y no pocas lágrimas por amores no correspondidos.

44, cualquier actividad que realice en la vida lo premiará con un éxito duradero. Política, militarismo, instituciones del Estado, medicina, psiquiatría, etc. Disciplinado y constante trabajador del intelecto. También en cuestiones del corazón puede ser muy feliz si encuentra una pareja a su medida.

80, combativo y ambicioso. Hay liderazgo, gran inteligencia y capacidad para toda clase de jefatura. Muy apto para la abogacía, el mundo de las finanzas y todo lo que significa el poder económico. A veces se muestra dominante y dispuesto a derrocar lo que considere ideas anticuadas. No conoce términos medios.

89 ó 98, número muy parecido al 17, pero con caminos llenos de piedras y sinsabores. El éxito puede venir, pero no con la facilidad que esperan con los tiempos que se haya propuesto. Y esto se aplica tanto a nivel laboral, como afectivo. La universidad de la vida le exigirá muchos exámenes, y si persevera, llegarácon muchas lastimaduras, pero llegará.

Raíz de 9:

Si procede del **18**, trae deudas kármicas, que sólo superará mediante sacrificios y el amor de sus semejantes, pase lo que pase. Siempre deberá estar atento a situaciones muy confusas.
No faltarán decepciones y desengaños sentimentales. Habrá mucho de ilusorio en su vida.

27, falta de lucidez y armonía. Bastante confuso, muy pocas veces encuentra el camino por seguir. Podría ser un buen actor, médico, publicista o trabajar con productos de primera necesidad. Es factible que suceda todo lo bueno o todo lo malo sin previo aviso. De él dependerá recibir el impacto o bien que le resbale...

36, buen dirigente de los demás. Es persona determinada que inspira confianza. Sabe ver el futuro o al menos intuirlo. Buen ejecutivo, abogado, médico, deportista, etc. Se le anuncian muchos viajes. Si bien tiene un número afortunado, el cosmos nunca regala nada...

45 ó 54, tensiones emocionales. La familia puede intervenir demasiado en su vida, trayéndole problemas matrimoniales. Es ansioso y sujeto a temores reales o no. Vive con una sensación de impotencia o desamparo. En él está poner los límites necesarios para su felicidad.

63, demasiado prudente en todo. No sabe ver sus capacidades ocultas. Pasa mucho tiempo lamentando su suerte, sin hacer nada por remediarla o al menos por entender la verdad espiritual. Esto lo lleva a desengaños, atrasos en negocios y peligros de accidentes, por estar mirando las nubes... y no el camión que viene de frente.

72, este sí que es dueño. Dueño de una gran ambición. Trabajador, tenaz y analítico. Es hábil y su mente trabaja a mil. Grandes oportunidades en el terreno comercial, bienes raíces e importantes empresas. Hay un fuerte carácter y pronóstico de fortuna. Bastante individualista.

81, este número por lo general brinda éxito en el terreno de los negocios y más todavía si se asocia con alguien tan capaz como él. Puede abarcar muchas cosas, porque es universalista y tiene gran deseo de progreso. No deberá descuidar la parte espiritual que corresponde a todos los números nueve.

90, posee una gran creatividad que puede ser usada en todo trabajo mental o profesional antes que en el comercio. No muy apto para sociedades, a menos que el otro no interfiera en sus planes. Bastante solitario y difícil de entender.

99, es discreto y trata de pasar inadvertido. Su falta de comunicación puede dejar sin efecto muchas de sus inquietudes. Se prevé una vida de luchas y caminos sinuosos. Es influenciable y propenso a desequilibrios emocionales. En el amor: fantasías y enamoramientos utópicos.

LA FUERZA DE LAS VOCALES

Cinco hermanas muy poderosas, con dos ayudantes externos.

A

Como primera vocal del primer nombre, es por lo general una persona audaz, independiente, inquisitivo e interesado por la investigación. Sabe lo que quiere y por qué lo quiere. Si la A es la primera vocal de su nombre y hay dos en el nombre completo, posee una mente muy despejada. Si hay más de tres, se inclinará hacia el egoísmo, el cinismo y una crítica demasiado acerba.

E

Como primera vocal del primer nombre, lleva una vida excitante, plena de acontecimientos. Muy versátil, posee la capacidad de aprender fácilmente, aunque a veces se muestre nervioso y temperamental. Si la E es la primera vocal de su nombre y hay más de tres en el nombre completo tal vez tenga una naturaleza inconstante.

I

Como primera vocal del primer nombre, es una persona intuitiva y se interesa por el arte, el teatro y las ciencias. Si es la primera vocal de su nombre y hay más de tres en el nombre completo, sin duda resultará sensible, tímido y demasiado emocional.

O

Como primera vocal del primer nombre, es franco y metódico. Cree en la ley, el sistema y el orden. Si hay más de tres en el nombre completo, puede mostrarse terco, lento y apagado.

U

Como vocal del primer nombre, tiene una mente universal, capaz de grandes ideas y de un punto de vista amplio. Le gusta acumular las cosas materiales. Simbólicamente la U es una copa que contiene. Por consiguiente se puede tal vez convertir en un coleccionista. Si es la primera letra del nombre y en el nombre en general hay más de tres, tal vez experimente un sentimiento de pérdida y de egoísmo.

W

En español, la W se considera siempre como consonante. En los nombres anglosajones y no pronunciados al español, la w vibra como una doble U.

Y

La Y como primera vocal del primer nombre. En el idioma español los nombres que incluyan la Y como vocal son prácticamente inexistente.

En los de origen extranjero como Ivonne o Yvette, la Y suena como la I.

Una observación sobre la semivocal Y: es tal vez su forma bifurcada la que indica su doble uso en el alfabeto.

Pitágoras consideraba a la Y como una letra altamente mística, hasta el punto que una parte de su vida adoptó el nombre Yarancharya, a fin de experimentar su vibración.

Si hay un diptongo o dos vocales juntas en el nombre, como Luisa, se combina las cualidades de ambas vocales. Por ej.: Laura indica una persona independiente e interesada por la investigación (A) y al mismo tiempo de mente universal y y con tendencia a acumular las cosas materiales (U).

ABC, TODO UN MISTERIO

Cada letra en sí misma posee una vibración única e individual. Un secreto para comunicar a los hombres, que nos ayudara muchísimo a descifrar en determinado año o mes, qué situaciones pueden acontecer.

A

Letra capital: poderosa y completa en sí misma, nos indica autoridad, intelecto y que necesita en este mundo una salida o varias para desarrollar su energía. Encierra más bien una energía planificadora, que constructora. Confiere espíritu de vanguardia, confianza propia y fuerza de voluntad.

Como letra de mes o del año: nos indicará que casi siempre es la oportunidad de un nuevo comienzo en negocios, amores, viajes, etc. O de un tiempo de aprender la lección de la confianza en sí mismo, la autovaloración.

Como indicador de salud: estar atento a los pulmones y a todas las enfermedades del aparato respiratorio.

B

Es una letra emotiva. Indica sentimentalismo, amor maternal en una mujer, en un hombre indica naturaleza y carácter hogareño. Puede llegar a grandes alturas o a grandes profundidades emocionales. Es hospitalaria y al mismo tiempo reservado, de opiniones fijas, sigue a los demás por instinto. Su expresión negativa suele ser el egoísmo.

Cuando aparece como letra de año o mes, puede indicar embarazo, o deseos de encontrar un compañero o matrimonio. También estará indicando que el aprendizaje es la paciencia y la calma, la serenidad de la mente.

Será un ciclo de desarrollo oculto aunque los demás no lo adviertan.

Como factor de salud, estar atento al sistema nervioso, dolores de cabeza y trastornos emocionales.

C

Letra intuitiva, se puede tropezar con inconvenientes ya que la c es una letra dispersa y quiere hacer muchas cosas al mismo tiempo. Impaciente, irritable e impulsiva.

Esta letra da una vibración propensa al matrimonio, favorece el éxito artístico, político o de trabajo. Si es la primera letra del nombre es de carácter jovial, buen conversador.

Su lado negativo, suele ser la indiferencia y hasta ciertas veces la inmoralidad.

Como letra de año o mes: será un buen momento para auto expresarse y para el desarrollo y para tener buenas experiencias emocionales.

Como factor de salud, la c puede aportar problemas en la garganta, tiroides o cuerdas vocales.

D

Letra física: significa equilibrio, determinación y otras tantas veces obstinación. Tiene gran capacidad para los negocios, buen trabajador, constante y práctico. Actúa como un ancla que sabe aceptar responsabilidades, cualidades que pueden proporcionarle una posición de autoridad y poder.

Como letra de año o mes: representa el impulso de sentar bases sólidas para el futuro. También puede tener que enfrentarse a dilaciones temporales, que le permitirá aprender útiles lecciones de paciencia. Evite las especulaciones y muéstrese conservador en sus finanzas. Posibles viajes.

Como factor de la salud, la D no indica nada especial. Salvo que haya dos D, y esto puede provocar que demasiadas presiones afecten la salud.

E

Vocal fuerte: de buen trato con las personas que armoniza. Pero muy cambiante a la menor disidencia con ellos. Indica actividad y movimiento. Necesita libertad y le resulta dificultoso trabajar para especializarse. Se siente más atraída por lo terreno que por lo espiritual, su versatilidad lo lleva a muchos cambios y tal vez a viajar con frecuencia. Su acentuada inteligencia le permitirá alcanzar altos títulos si se dedica con seriedad. Si se siente atraída por lo espiritual, se le despertará la intuición.

Como letra del año o mes: le surge la posibilidad de elegir entre muchas oportunidades de cambios. Se trata de un período de mucha actividad, con gente nueva y nuevas situaciones. En caso de permanecer aún soltero, se le ofrece la oportunidad de casarse, pero asegúrese de que siente verdaderamente amor y que no se reduce todo a un impulso emocional.

Como factor de salud: la E indica buenas condiciones. El corazón se siente libre, pero ha de controlar su impulsividad.

F

Letra intuitiva: sabe aceptar sin dificultad cualquier responsabilidad. Se adapta a las circunstancia, es buen organizador en el campo social, es bondadosa, amante del hogar, hospitalario, la composición es uno de sus rasgos más sobresalientes.

Como letra del año o mes, estará atenta a cuestiones familiares y los deberes con las personas queridas, cónyuge, hijos, parientes y a veces amigos. Si está al lado de la U o la O deberá cuidar las cuestiones financieras ya que hay riesgo de pérdida y agresiones.

Como factor de salud, la F indica perturbaciones, incluyendo molestias nerviosas de corazón.

G

Inclinado al misticismo, con una gran comprensión, posee inventiva, es intuitivo y extremadamente metódico. Dado que tiene una gran fuerza de voluntad, es difícil convencerlo y tampoco le agradan los consejos. Si está en el nombre acompañada de una letra D o por una F señala ganancias financieras.

Como letra del año o del mes proporciona un tiempo de expansión y mejoras materiales, favorable también para las artes, el teatro y la literatura.

Como factor de salud, la G resulta siempre favorable. En caso de enfermedad contribuye a la recuperación.

H

Letra cerebral: debe crear y ejecutar. Atrae el éxito y el dinero, sin embargo puede ser rico o muy pobre, ya que a veces le falla el buen juicio. Amante de la naturaleza no necesita de nadie para ser feliz, es una letra que saca todo o da todo. Es autosuficiente y poderoso.

Como letra del año o mes: es una puerta hacia un camino nuevo o una barrera que lo impedirá, a veces afecta cuestiones legales o financieras.

Como cuestión de salud, da índice de causa de tensión permanente.

I

Letra emotiva: la persiguen rachas de buena o mala suerte, ya que esta letra es un palito sin base crea, sinfín de altibajos, deberá mantenerse muy firme para no caer en nerviosismos, tensiones, creatividad, agotamiento o fluctuaciones de fortuna y amores. Manifiesta una gran obstinación, cuando se siente limitado. Puede mostrarse amante, compasivo, intuitivo y humanitario.

Como letra del año o mes, provocara altibajos. Si se mantiene firme en sus convicciones, recibirá una gran inspiración, las oscilaciones provocan fluctuaciones en su fortuna forzándola a nuevos comienzos.

Período de sentimientos personales supremos.

Como factor de salud: marca nerviosismo. La intensidad de las emociones provoca a veces agotamiento.

J

Letra cerebral: es indicadora de inteligencia y creatividad. Constituye una vibración muy intensa, tanto espiritual como material, posee grandes aspiraciones para desarrollar poderes más profundos. Hay una gran inventiva. Existen posibilidades de ocupar una posición de mando en grandes empresas, negocios o poderes de estado.

Como letra del año o mes: brinda ganancias o ventajas en algo.

Como factor de salud, inspira un sentimiento de bienestar.

K

Letra intuitiva: deberá usar sus capacidades a favor de la humanidad. Es letra que da una alta inspiración creativa y gran idealismo pero también nerviosismo.

Respecto a dinero es letra de extremos, una gran pobreza o gran fortuna. Debe dirigir sus esfuerzos hacia metas positivas.

Como letra de año o mes aporta viajes y cambios. Entra en actividad una gran fuerza emocional que a veces puede provocar conflictos.

Como factor de salud, produce nerviosismo que está generado por un exceso de actividad.

L

Letra cerebral: es el símbolo de acción y de capacidades ejecutivas. Es generosa, aunque exige que le devuelvan lo que da. Indica acción, de buena moral, equilibrio e intelectualidad. Puede alcanzar la espiritualidad. Aporta capacidad de autosacrificio y servicio a los demás. Atrae excelentes recompensas en las relaciones humanas.

Como letra de mes o año: indica posibles viajes, favorece el matrimonio y las cuestiones financieras.

Como factor de salud sugiere que preste atención a su garganta lo cual se extiende a todas las letras de valor 3. La L acentúa el riesgo por accidentes o caídas.

M

Letra física: aprecia el hogar, la familia, la seguridad, por encima de cualquier cosa. No tiene madera del líder por poder de presencia, pero influye en los demás. Posee poderes psíquicos. Tal vez haya de soportar alguna carga en su vida pero pocas personas soportarían esta cruz con tanta entereza y lamentándose tan poco.

De naturaleza receptiva, sabe tomar sobre sí las cargas de otros, gracias a la capacidad de sacrificio propio de esta vibración.

Como letra de año o mes: conduce a la regeneración y la renovación. Se trata de un período de reconstrucción durante el cual se barren las ideas viejas para hacer lugar a otras mejores. Pueden presentarse cambios inesperados, que serán reconocidos como puertas de progreso y abrirán una nueva fase de felicidad.

Como factor de salud: indica mal genio, que provoca una conducta temeraria y dolores de cabeza. Debido a su potencial para los cambios drásticos, la presencia de más de una M en todo el nombre resultará peligrosa de no conducirse con cuidado. Ya que dos letras iguales en todo aspecto redoblan sus efectos.

N y Ñ

Letra cerebral: indica primordialmente variedad, cambio, energía. Es el símbolo antiguo del escriba, brindando una gran imaginación para aportar al mundo mensajes inspirados, pero le será necesario mantener una actitud positiva, de modo que no sobrevenga la inestabilidad. Le gusta gozar de los placeres de la vida y cuando supera su propio yo, puede llegar a la cima.

Como letra de año o mes: aporta variedad, cambio, puede haber envidias, celos y hasta divorcios.

Como factor de salud: favorece la irritabilidad.

O

Letra emotiva: perseverante y muy voluntariosa. Buen estudiante, absorbe con facilidad los conocimientos y los retiene bien. Los celos pueden ocasionarle contratiempos en sus relaciones matrimoniales y familiares. Por consiguiente debe aprender a controlar sus emociones. La O no admite término medio, representa la virtud o el vicio.

Como letra de año o mes: concede la oportunidad de progresar, permitiendo una liberación de las limitaciones presentes. Tal vez se produzca un cambio radical en sus apreciaciones y olvide sus temores. Si la O coincide con una G, indica ganancias, si coincide con una D habrá gastos ocasionados por un viaje imprevisto, de hacerlo con una U posibilidad de pérdidas. Indica además posibilidad de un cambio en el hogar.

Como factor de salud: puede traer preocupación o depresión, si se responde a ella en sentido negativo.

P

Letra cerebral: confiere facilidad de expresión, tanto oral como escrita. Es inteligente, perspicaz e intelectual. Puede mostrarse dominante y más bien impaciente cuando se intenta restringirla. En sentido negativo se comporta con egoísmo e indiferencia.

Como letra del año o mes: es augurio de excelentes proyectos para el futuro. Planee juiciosamente durante este ciclo y mire hacia el futuro.

Como factor de salud: indica que no debe sobrecargarse de trabajo durante el período dominado por esta letra. Si en el nombre combina con una G, buena salud. Con una T o talvez una B, es posible que padezca trastornos nerviosos.

Q

Letra intuitiva: habrá cualidades de liderazgo y de mayor intensidad en los sentimientos, pero deberá cuidarse de cierta inestabilidad en las relaciones afectivas si sólo piensa en usted y no en el nosotros.

Aliente a otros a seguir sus ejemplos porque esta letra infunde una secreta fortaleza, como también un aire de misterio.

Como letra de año o mes: promesa de avances profesionales, mayor actividad pública, viajes, vitalidad mental, intuición y grandes dotes creativas.

R

Letra emotiva: da tolerancia y gusto por ayudar a la humanidad, es también muy activa. En el aspecto negativo, ha de precaverse contra la confusión. Si va seguida de una L, se mostrará tal vez quisquilloso e irritable.

Como letra del año o del mes: proporciona una apertura a los nuevos planes e ideas, reclamando una nueva ocupación en la vida. Decídase a conquistar una posición social o profesional durante este período. Sin embargo deberá ser cauteloso.

Como factor de salud: se la llama originalmente la letra del rugido, indica que se sufre de borborigmos, pero no se trata de nada peligroso. Expresado en sentido negativo, se corre riesgos de accidente, por temeridad o por falta de atención, susceptibles a desembocar en una enfermedad.

S

Letra emotiva: los antiguos la llamaban la letra de la entrega. Es espiritualmente fuerte, tanto puede herir como hechizar. La S aporta amor y nuevos puntos de partida en la vida y atrae dinero, aunque no siempre resulta una letra feliz.

Como letra del año o mes: triunfará sobre los obstáculos que se oponen a sus ambiciones. El sendero de su vida presenta varios giros. Si responde de manera negativa a esta letra se enfrentará a trastornos emocionales, fracasos e impulsos incontrolados. Muestre una actitud más positiva.

Como factor de salud, puede agudizar una enfermedad, pero también tiende a aportar la recuperación y a reducir los trastornos, creando mejores condiciones.

T

Letra emotiva: espiritual y elevada. Pero al mismo tiempo tiene tendencia a dominar y hace las cosas a su gusto. Puede construir o destruir, tiene que aprender a controlarse puesto que es muy emocional y se deja llevar por esas emociones.

Como letra de año o mes: significa reconstrucción, combinada con una A nos advierte del peligro, cuidarse cuando conduce, como también podría existir una intervención quirúrgica. Constituye también una época de desarrollo espiritual.

U

Letra intuitiva: tiene forma de una copa que contiene talento, encanto, suerte, pero si usted desea todo para sí y nada para el vecino, la copa se volcaría derramando por el suelo todos los bienes que tiene. Entusiasta coleccionista, se aferrará a todo lo que acumule. Tiene buena memoria y se esforzará por adoptar una actitud positiva.

Como letra del año o del mes, señala un período de desarrollo subconsciente. Acaso se presenten atrasos y restricciones y se incrementen las responsabilidades familiares, pero se da un creciente sentimiento de seguridad y protección. La posibilidad de un matrimonio se acrecienta. Muéstrese cauteloso, habrá de estudiar cuidadosamente todos sus asuntos y consultar a un abogado para los tratos comerciales.

Como factor de salud: procure conservar la calma y la tranquilidad. La U tiende a provocar hipertensión.

V

Letra intuitiva: de opiniones fijas y firme en la amistad, se muestra leal en tratos con los demás. Buen trabajador. Dadas sus características de ser a la vez posesivo y emocional se comportará de manera impredecible. Su naturaleza dual necesita adquirir constancia. Pertenece al tipo de los que se casan. Cuando la V aparece al lado de la U puede significar pérdidas motivadas por la especulación o por juego.

Como letra del año o mes: puede significar altibajos económicos.

Como factor de salud, causa nerviosismo y colapsos emocionales debidos a excesos de actividad. Mantenga la calma.

W

Letra física: tiene una gran persistencia y odia abandonar lo que empieza. Dotada del don de gente, magnetismo, encanto e intuición. En caso negativo será egoísta y atrevido.

Como letra de año o mes: significará altibajos, tiempo para una autoevaluación, para descubrir el propio potencial este ciclo apunta a veces también al matrimonio.

Como factor de salud: aporta algunos dolores de cabeza, debido al nerviosismo y tensiones de la letra.

X

Es una letra emotiva: es dual, ya que si bien la parte superior está abierta para recibir los dones del cielo, la parte inferior está abierta a los excesos sexuales. En caso positivo, avanzará usted mental y espiritualmente. En caso negativo, será usted irritable, incrédulo y sensual.

Como letra de año o mes: indica peligro en momentos críticos, un aviso de duplicidad, es productora de disturbios afectivos o nerviosos.

Como factor de salud: indica peligro de caídas y o heridas en la espalda. Procure no montar a caballo, ni visitar lugares altos en esos momentos.

Y

Letra intuitiva: Pitágoras concebía a esta letra, como si fueran dos caminos que exigen una determinación. Odia la servidumbre en todas sus formas, siente amor por la filosofía y la belleza. Desea triunfar.

Como letra del año o del mes: está obligado a tomar una decisión y cuando esta se haya tomado, no deberá mirar hacia atrás, ni lamentar el pasado.

Como factor de salud: infunde bienestar.

Z

Letra emotiva. La z es como un zigzag, ya que si bien tiene intuición, percepción y grandes dotes humanitarias, también nos indica que habrá dudas y materialismo. Hay inspiración, esperanzas y muchas veces capacidad de mando. Concede diplomacia y discreción, convirtiéndose en un buen mediador. Esta letra muchas veces brinda la posibilidad de progresar en el terreno de lo oculto.

Como factor de año o mes: es un período de progresos ocultos. Se puede sufrir algunos reveses económicos o afectivos. Pero independientemente de ello, se avanzará hacia un alto nivel. Durante este período debe aprender la virtud de la paciencia y a conocer sus frutos.

Como factor de salud: concede control de las enfermedades.

COMBINEMOS LAS LETRAS DEL NOMBRE

Las letras se combinan para informarnos acerca de la personalidad y también sobre algunos acontecimientos en períodos de 2 años ó 2 meses, por la conjunción de vocales y consonantes, de la siguiente manera:

A

Como primera vocal del primer nombre. Es usted audaz, independiente, inquisitivo e interesado por la investigación. Sabe lo que quiere y por qué lo quiere. Si la A es la primera vocal de su nombre y hay dos en el nombre completo, posee una mente muy despejada. Si hay más de tres, se inclinará hacia el egoísmo, el cinismo y una crítica demasiado acerba.

LA LETRA B: con

A popularidad
E contratiempos
I negligencias
O triunfos
U complicaciones judiciales

LA LETRA C: con

A versatilidad, imparte pericia
E trae ansiedad
I aptitud artística
O excesos emocionales
U confusión en la economía

LA LETRA D: con

A beneficios en las finanzas
E voluntad de perseverancias
I augura problemas amorosos
O da fe y aptitud para persuadir
U inclinaciones místicas

E

Como primera vocal del nombre, vida llena de acontecimientos, tal vez excitante. Muy versátil, posee la capacidad
de aprender fácilmente, aunque a veces se muestre nervio-
sa y temperamental. Si es la primera vocal del nombre y hay
más de tres en el nombre completo, tal vez tenga una naturaleza inconstante.

LA LETRA F: con

A otorga cooperación
E da poder moral
I anuncia desilusiones
O agresividades
U aprendizaje a través de experiencias dolorosas

LA LETRA G: con

A confianza en sí mismo
E atención a la economía
I opinión recta
O sensibilidad, emociones intensas
U previsión acertada

LA LETRA H: con

A da aptitudes inventivas
E pronostica luchas
I confrontaciones penosas
O promete comodidades
U sorpresas, resultados imprevistos

I

Como primera vocal del primer nombre, persona intuitiva, se interesa por las artes, el teatro y las ciencias, simpática. Si la I es la primera vocal del nombre y en el nombre completo hay más de tres, sin duda resultará ser tímido, sensible y demasiado emocional.

LA LETRA J: con

A promete ganancias
E progresos
I actitud para mejorar las cosas
O abundantes amistades
U destreza en muchas cosas

LA LETRA K: con

A inspira ansias de explorar
E comportamiento atento
I buena conversación
O valor para afrontar peligros
U destreza para salir de los peligros, serenidad

LA LETRA L: con

A da poder ejecutivo
E inspira desatinos
I torpezas
O discordias
U sagacidad, diplomacia

LA LETRA M: con

A da sensualidad
E generosidad
I bondad
O indecisión
U críticas

LA LETRA N: con

A da dureza de carácter
E deseo de libertad
I amor al placer
O duda en el camino por seguir
U ganancias, muchas veces inesperadas

LA LETRA Ñ: con

A indica excentricidad
E impaciencia
I cautela excesiva
O cooperación placentera
U intercambio venturoso

O

Como primera vocal del primer nombre, persona franca, metódica. Que cree en la ley, en el sistema y el orden. Si es la primera vocal del nombre y hay más de tres en el nombre completo, puede mostrarse lento, terco y apegado.

LETRA P: con

A da carácter emprendedor
E amor por la riqueza
I atenciones y regalos
O capacidad en el proceder
U frugalidad en los hábitos

LA LETRA Q: con

A da carácter imprudente
E buen comportamiento
I docilidad
O penetración psíquica
U detallista

LA LETRA R: con

A da aptitud para los negocios
E entusiasmo
I disgustos por pequeñeces
O intuición para las cosas que convienen
U confianza y fe en lo que se espera

LA LETRA S: con

A da sentido místico
E cambios imprevistos
I honores
O excentricidad
U ideas indefinidas

LA LETRA T: con

A da intelectualidad
E amor a la justicia
I turbulencia, desorden, confusión
O disposición artística
U deseo de triunfo

LA LETRA U:

Letra de la familia y la humanidad. Confiere amor a la familia y la humanidad. Aptitud para que esos beneficios sean compartidos con numerosas personas.

Le gusta acumular las cosas materiales, simbólicamente la U es una copa que contiene. Si la U es la primera vocal del nombre y hay más de tres en el nombre tal vez experimente un sentimiento de pérdida y egoísmo, ya que la copa rebasa y se derrama su contenido.

LA LETRA V: con

A ganancias en las transacciones
E favor público
I progresa en los negocios
O carácter independiente
U características de posesividad

LA LETRA X: con

A da carácter arriesgado
E extravagancia en el proceder
I entusiasmo
O alegría
U reciprocidad en los afectos

LA LETRA Y: con

Pitágoras consideraba a la Y como una letra altamente mística, hasta el punto que en una parte de su vida adoptó el nombre Yarancharya, a fin de experimentar personalmente su vibración.

A inspira generosidad y liberalidad
E tendencia a la argumentación
I introspección
O afición al dispendio
U ánimo vigilante, alerta

LA LETRA Z: con

A emociones contrapuestas
E beneficios sorpresivos
I fervor en los sentimientos
O exceso de confianza
U favorece la iluminación interna

Si hay un diptongo o dos vocales juntas en el nombre, como en Luisa se combinan las cualidades de ambas vocales. Por ej.: Laura indica una persona independiente e interesada por la investigación (A) y al mismo tiempo, de mente universal y tendente a acumular las cosas materiales (U).

Por ejemplo: en el nombre Laura Saura, se considera que el diptongo AU está reforzado porque aparece dos veces, por lo tanto refuerza las cualidades del mismo.

En cuanto a los triptongos combina las cualidades de las tres.

LECTURA DEL NOMBRE

Este es un método sencillo de estudiar las posibilidades secretas o manifiestas de nuestro nombre.

En las letras de nuestro nombre se encuentran tres expresiones diferentes, las cuales estudiaremos por separado, estas son:

El **Número del alma**: que revela lo que somos cada uno de nosotros, en nuestro fuero más interno.

El **Número de la personalidad externa**: que revela cómo nos ven los demás.

El **Número de la vía del destino**: que nos revela lo que deberíamos hacer.

Este método lo desarrollaremos teniendo en cuenta el valor de las letras del abc, obteniendo el valor de **1** a **9** correspondiente de cada letra y haciendo uso para mayor información del número raíz.

Supongamos que su número es el **32/5**. En ese caso consulte primero la descripción del doble dígito, **32** y luego la del dígito básico, **5**, al que aquél se reduce. Recuerde que en el **32** se sintetiza la acción del **2** a través del **3**, para completar el número básico **5**. Un **41/5** es una vibración totalmente distinta, con el **1** actuando a través del **4** para completar el número **5**.

Un número siempre tiene la misma significación, independientemente del lugar del tema en que aparezca, pero la expresión de su conciencia viene determinada por su posición como número de alma, de la personalidad externa, de la vía del destino.

Por consiguiente, resulta muy importante determinar dónde opera ese número. Si la vibración es del número del alma, el sujeto posee ya esas cualidades. En cambio, si es el número de la lección de vida, no las posee sino que tiene que aprenderlas durante su paso por la tierra.

Cuando estudiamos el nombre de una persona o el nuestro, lo que tenemos que tener en cuenta es el nombre completo, incluyendo el materno, aunque no esté escrito. Porque al no estarlo lo que nos marca es que hay una parte nuestra que se encuentra en la sombra y deberá ser investigado para poder complementar nuestro destino, de forma de sentirnos satisfechos.

También son importantes los cambios de nombre ya sean por elección de algunos de nuestros padres o por decisión propia. Estos deberán ser tenidos en cuenta, porque van a influenciar en nuestro destino como herramientas para trabajar, equilibrar la fuerza de nuestro nombre escrito o como energía de apoyo, que colaborará en la búsqueda de nuestro objetivo.

Cuando realizamos el estudio completo de un nombre tenemos que tener en cuenta los componentes son: nombre propio, apellido paterno y apellido materno.

- **Nombre propio**, es aquella energía que trabajaremos siempre que nos corresponde como elemento esencial.

- **Apellido paterno**, nos aportará una herramienta concreta.

- **Nombre propio+apellido paterno**: nos está indicando cómo se manifiesta nuestra energía personal en este plano social.

- **Apellido materno**: nos indica la energía que tenemos que trabajar.

- **Nombre propio + apellido paterno + apellido materno**: nos indica cuál es el objetivo final de nuestra evolución.

PERSONALIDAD OCULTA DEL NOMBRE

Ahora que sabemos reducir un nombre a su valor numérico, calcularemos los números personales de acuerdo con nuestro nombre.

EL NUMERO DEL ALMA: El número del alma de una persona corresponde a su verdadera personalidad, el yo que sólo ella conoce. En caso de creer en la filosofía de la reencarnación, el número del alma indica también lo que el sujeto fue en sus vidas pasadas. Los demás no acceden fácilmente a esa parte de su intimidad. Este número revela lo que la persona en su fuero interno desea ser.

El mismo se obtiene sumando las vocales que entran en el nombre completo, recibido al nacer. Las vocales son A, E, I, O, U, e Y. La semivocal Y se considera como vocal cuando va al final de palabra, como Rey, o cuando lo antecede una consonante, como en Mary; cuando va entre dos vocales como Pelayo, se la considera consonante.

1. Como número del Alma

El liderazgo conquistado en las vidas anteriores infunde ahora el deseo de continuar luchando por llegar a una conciencia superior. Se muestra independiente en lo que respecta a sus creencias. Su anhelo más interno es la libertad e independencia de pensamiento. Lo que debería lograr es que ese fuerte impulso no obstaculice la persecución de las metas prácticas de esta vida presente. Es consciente de su fuerza interior y le resultará difícil aceptar un papel secundario entre sus contemporáneos. Si piensa en el matrimonio o en una asociación cualquiera, procure averiguar los anhelos internos de su futuro compañero a fin de salvaguardar el futuro de su relación. Su fuerza interior le proporciona algo en que confiar cuando la situación se torna difícil. Y puede usted presentarse como una fortaleza de inspiración para los demás en épocas de inseguridad.

A veces puede ser arrogante, egoísta y critico. Le falta paciencia, diplomacia y tacto.

2. Como número del Alma

Necesita paz y armonía. Es considerado lleno de tacto, adaptable y amable, será con mayor frecuencia un seguidor que un dirigente. Actuará generalmente como intermediario o agente, contribuyendo a establecer la paz entre fuerzas opuestas. Detesta herir los sentimientos de los demás, hasta el punto de vista de subordinarse a sus deseos. En consecuencia, da la sensación de timidez y falta de confianza, trate en lo posible de superar la indecisión. Atrévase a hacer lo que sabe que es justo y no permita que sus emociones frenen su propósito.

Su sensibilidad será positiva si la utiliza para sintonizar con la fuerzas equilibradoras del universo y sacar a la luz verdades capaces de ayudar a todo el mundo.

3. Como número del Alma

Es usted muy concienzudo en lo que respecta a sus obligaciones. Conoce muy bien la ley de la Trinidad y sabe que la inspiración y la imaginación producen los mejores resultados cuando se utiliza para ayudar a otros, lo que puede fácilmente transformarse en su filosofía de la vida. Obedezca a sus impulsos de crear y desarrolle las actividades que le interesan. Propague sus ideales, dedicándose a expresar el buen ánimo y el optimismo. Trabaje para convertir sus sueños en realidad, pero no hasta el extremo de perder de vista el aspecto práctico de las cosas. El amor reviste gran importancia para usted, tanto el darlo como el recibirlo.

Piensa en profundidad y puede adquirir conocimientos rápidamente. Le interesa la literatura, el arte, la sociedad, las fiestas, los amigos. Hay sentido del humor, ama los animales pequeños.

4. Como número del Alma

Es metódico, ordenado y hábil en trabajos minuciosos o mecánicos. Es práctico, analítico y muy decido para lograr fines materiales. Puntos de vistas más bien estrechos. Si bien desea afecto, a menudo no lo consigue por ser demasiado serio y riguroso. A todo exige pruebas. Se toma la vida muy a pecho. Dado que toma todas las cuestiones en serio, tanto en los negocios como en el amor, consigue convertir sus sueños en realidad de manera planeada práctica.

5. Como número del Alma

Reclama usted el derecho a la libertad y no tolerará limitación alguna a sus ideales o a su modo de pensar. La variedad en la autoexpresión le resulta absolutamente esencial. Se sentiría aburrido e indiferente sin el estímulo de los cambios y de numerosos puntos de vista. Los viajes se incluyen dentro de los deseos de su alma, puesto que los considera educativos y enriquecedores. No tolera la estrechez. Si advierte que cae en la rutina, una excursión, un traje nuevo o unas vacaciones mejorarán sus vibraciones y le abrirán nuevos caminos para continuar su camino interior.

6. Como número del Alma

El número del médico, del trabajador social, del hogar, de la familia, del consejero. Ama las artes, la belleza, la armonía, es emotivo y compasivo. Nació para transmitir la comprensión que aprendió de vidas pasadas, por medio de la lealtad y el cariño, comprometiéndose de lleno en felicidad y bienestar de quienes le rodean.

Deberá estar atento a permitir que los miembros de su familia expresen sus propios deseos de vida, aunque no esté conforme con su elección.

7. Como número del Alma

Es usted silencioso y reservado, buen pensador, analítico y mediador. Necesita paz a su alrededor y se irrita en un ambiente ruidoso. Refinado, sensible, secreto y con frecuencia en posesión de poderes psíquicos, puede vivir solo y permanecer soltero. Su verdadera naturaleza consiste en mantenerse en calma, intensificar la profundidad de su carácter y beneficiar a la humanidad mediante la filosofía.

8. Como número del Alma

Su palabra clave es la ambición. Cree en el valor de la realización y no permite que ningún obstáculo se interponga en su camino hacia la meta. Su número no resulta fácil de manejar, pero los premios compensan el esfuerzo. Se enfrentará a una gran tarea, que le permitirá sobresalir de entre las multitudes y llegar a la cima. Posee la capacidad de organizar con éxito grandes grupos y empresas. La psicología le ayudará a comprender a las masas con las que trabaje. La gente espera más de usted que del común de las personas, de manera que tendrá que confiar en sí mismo para guiarse y permanecer en la cumbre. El ocho es también el número de grandes figuras deportivas.

9. Como número del Alma

La intuición participará de forma activa en su vida. Sensitivo e imaginativo. Necesita dar y recibir amor. Bondadoso y clemente, con una conciencia expansiva, se dedica a mejorar la humanidad. El nueve puede corresponder a alguien que fue un maestro o un iniciado en una vida previa. Amante del arte, teatro, música, cine. Son seres que tienen muchísimas encarnaciones y que por lo tanto conocen, aunque sea intuitivamente, mucho de la vida astral.

11. Como número de Alma

Existe gran sabiduría, adquirida en la historia de los tiempos, súper sensible, espiritual, con facultades extrasensoriales o clarividentes muy desarrolladas. Conocedor de los misterios de la vida. Puede ser un líder si lo desea, por su gran influencia sobre los demás. Debe evitar ser dictatorial, teniendo en cuenta que los otros quizás no sean capaces de pensar a la misma velocidad que él.

22. Como número del Alma

Aquí se marcan los ideales superiores, de los que llegaron a la vida con una importante misión por cumplir. Hay lógica, filosofía y gran visión de las cosas. Podría brindar servicios al gobierno o a cualquier empresa que se dedique al beneficio de la humanidad. No debe apartarse de las metas fijadas, porque de lo contrario se le pedirá rendir cuentas, con mucho más rigor que a cualquier otra persona.

33. Como número del Alma

Está dispuesto a sacrificarse por la humanidad. Ve con claridad las condiciones del mundo futuro y se siente preparado para contribuir del modo que sea a aportar la paz a todos los hombres.

A veces, sus vibraciones de la Lección de la Vida se hallarán en oposición con el impulso de su alma. No obstante, actuará con generosidad y tratará de comprender los puntos de vista de los demás.

44. Como número del Alma

Los conceptos universales forman parte de su conciencia. Se expresan ahora como impulsos interiores para lograr grandes avances en la cultura del mundo. Desea aunar lo práctico con lo filosófico. El problema radica en cómo manifestarlo en el mundo exterior. Posee una capacidad innata para resolver los problemas cotidianos y ayudar a los demás a organizar sus vidas.

NÚMERO DE LA PERSONALIDAD EXTERNA

El número de la personalidad externa indica cómo uno aparece ante los ojos ajenos. Lo que no se ajusta necesariamente a la realidad. Este número muestra también lo que la gente espera del sujeto, basándose en la imagen que presenta.

El término personalidad deriva de la palabra "persona", que significa máscara y, por lo tanto, representa la máscara que adoptamos frente a los demás.

Este número se obtiene sumando los valores de las consonantes que entran en el nombre completo recibido al nacer.

Nº 1 COMO NÚMERO DE LA PERSONALIDAD EXTERNA

Presenta ante el mundo una imagen independiente, capaz, con apariencia de un ejecutivo típico. Los demás lo ven como un individuo peculiar, apartado del vulgo, tal vez un solitario en ciertos aspectos. Esperan que sea capaz de dominar cualquier situación y de dirigir con eficacia una organización. Recurrirán siempre a usted ya que da la impresión de un líder, un pionero, el tipo de persona que sabe siempre dónde hay que ir actuar. La creación de la imagen correcta ocupa un lugar primordial en su mente y se apoya en la fuerza de su personalidad, que le sirve como pase de entrada en la sociedad. A veces se muestra demasiado agresivo y dominante.

Nº 2 COMO NÚMERO DE LA PERSONALIDAD EXTERNA

Se muestra usted callado y modesto, dando la impresión de que necesitan para vivir un ambiente tranquilo. Exigente en los detalles, concede gran importancia al esmero y a la pulcritud. Prefiere permanecer en segundo plano, actuando entre bastidores o en colaboración con otros, y no le interesan las grandes entradas. Es usted atractivo y goza de popularidad entre el sexo opuesto. Se debe en parte a su deseo de compañerismo y armonía, el cual le induce a ser indulgente con respecto a los demás. Por sí solo parece incompleto. En ocasiones se muestra intranquilo e insatisfecho con las condiciones de su vida, debido a que compara mentalmente todas las situaciones. Puede tropezar con dificultades para tomar una decisión, puesto que ambas soluciones le resultan igual de claras. A veces se deja llevar por la cólera y emplea palabras cortantes.

Nº 3 COMO NÚMERO DE LA PERSONALIDAD EXTERNA

Es usted muy afable y sociable, una persona encantadora. Tiene modales atractivos y desea gustar y divertir.

La lealtad y la honradez resaltan su naturaleza idealista. La comunicación constituye una parte vital de su personalidad y goza de una facilidad de palabra. Ávido conversador, se destaca en medio de cualquier grupo. La gente se siente naturalmente atraída por su calor. Su popularidad de extravertido puede hacerse tan grande que acabe por causar su ruina debido al orgullo y los celos. Entonces sus dotes de conversador degenerarán en chismorrería, exageración y superficialidad. Le gustan los adornos personales y posee un tacto artístico para elegir sus vestidos. En sentido negativo, tal vez su belleza se vea empañada por lo desalineado y por no prestar atención al estilo que escoge y sin cuidar sus ropas.

Nº 4 COMO NÚMERO DE LA PERSONALIDAD EXTERNA

Presenta una determinada y bien orientada actitud frente al mundo, se muestra conservador, disciplinado y práctico. Personifica el tipo de persona honrada, esforzada, que respeta los valores y la constancia en el trabajo. Ama la tierra, la naturaleza, su hogar y su país. A veces, el exceso de autodisciplina le priva de tiempo para entretenerse, cosa que lo aísla de los demás. Demasiada cautela y frugalidad le convertirían en desconfiado y mezquino. Su crudeza y su mal carácter le apartarían de los contactos sociales. Le atraen la buenas prendas deportivas, diseñadas para durar largo tiempo y que necesiten pocos cuidados.

Nº 5 COMO NÚMERO DE LA PERSONALIDAD EXTERNA

Es usted un buen conversador, inteligente, chispeante e ingenioso. Por consiguiente se relaciona mucho con grupos. Tiene magnetismo frente al sexo opuesto y siente fuertes apetitos sensuales. Dado que el cambio y la libertad le resultan esenciales, puede mostrarse muy inconstante en sus relaciones. Le gusta la actividad continua, la variedad y el cambio e identifica este último con el progreso. Debe ser capaz de hacer lo que quiera, cuando quiera y como quiera hacerlo, a fin de desplegar toda su capacidad. Curioso por naturaleza, sin duda aprovechará todas las ocasiones. Los demás le ven como un vendedor nato, un publicitario o un promotor. Un excesivo intercambio social o un deseo de placeres sensuales demasiado intenso le conducirán a excesos en la comida, bebida, las drogas o los contactos sexuales. Corre peligro de volverse inconstante, inquieto y poco digno de confianza.

Nº 6 COMO NÚMERO DE LA PERSONALIDAD EXTERNA

Emana de su persona una vibración protectora y un sentido de su responsabilidad frente a los demás. La gente se agrupa a su alrededor para que la aconseje, le enseñe y la cure, ya que tiene una apariencia maternal o paternal que reconforta e infunde seguridad. El hogar reviste una gran importancia para usted. Optimista, alegre y digno de confianza, parece amar la belleza y todo lo relacionado con el arte. Tiene un delicado sentido del equilibrio y la armonía, y por lo tanto, sabe ver cada elemento por separado y al mismo tiempo, como parte de un todo. Su conciencia social le impulsa a buscar la verdad y la justicia . Se expone a convertirse en esclavo de los demás, especialmente en el hogar, y a que su responsabilidad social degenere en irresponsabilidad o le lleve a interferirse en los asuntos ajenos. Al elegir su ropa, presta atención en demostrar su sentido artístico, prefiere los estilos cómodos fáciles de llevar, aunque siente una especial predilección por los tejidos suaves y vaporosos. En sentido negativo, puede ser un ama de casa descuidada.

Nº 7 COMO NÚMERO DE LA PERSONALIDAD EXTERNA

Presenta la apariencia de un ser solitario, que disfruta de sus momentos de aislamiento lejos de las multitudes. La naturaleza y excursiones periódicas a los bosques, o bien el tiempo pasado en la playa le proporcionará el clima apropiado para su temperamento filosófico. Le rodea una atmósfera de misterio y secreto. Parece ser filósofo, místico, poeta, pensador, científico o investigador por excelencia y sus retiros temporales le conceden el tiempo preciso para aventurarse más lejos. Un gran sentido de la observación le permite analizar mentalmente cada situación. De aspecto aristocrático, con dignidad personal y maneras refinadas, demuestra una inquebrantable fe en el futuro. Ahora bien si se deja arrastrar por el materialismo, sólo le causará decepción, perderá su equilibrio y se sentirá frustrado, triste y huraño. Entonces la confusión, el miedo y el pesimismo se apoderarán de su ánimo. Es usted pulcro, aseado y se siente inclinado a usar tonos pastel u oscuros. Detesta los colores chillones y brillantes y se viste con buen gusto. Cuando se siente desdichado, se muestra indiferente a la ropa y descuida los supuestamente pequeños detalles del color, la armonía y la buena combinación de las prendas.

Nº 8 COMO NÚMERO DE LA PERSONALIDAD EXTERNA

Posee usted una personalidad dinámica y la gente reconoce su autoridad. Presenta el aspecto de un ejecutivo, de alguien capaz de manejar grandes negocios y desenvolverse en el comercio. Emana de usted un fuerte poder personal, que le concede el prestigio por donde quiera que va. Se comporta con autoridad, imparcialidad y sentido ético. Posee una inagotable fuente de vigor físico y de resistencia. Su poder personal puede conducirle a situaciones en que tal vez abuse de dicho poder. En ese caso, el materialismo se impondrá a mejor juicio y se volverá vengativo y cruel contra quienes lo contraríen. Toma como norma la apariencia del éxito.

Nº 9 COMO NÚMERO DE LA PERSONALIDAD EXTERNA

Dotado de una gran comprensión y de un gran magnetismo personal de alcance universal, sus maneras amistosas y llenas de cálido encanto complacen a todos cuantos entran en contacto con usted y la generosidad que se desprende de su persona le conquista el amor de muchos. Parece sentir una compasión y una tolerancia que le permiten perdonar y olvidar fácilmente. Generoso frente a la necesidad. Los otros lo ven como un romántico, como emotivo, idealista. La emotividad puede imponérsele hasta el punto de reaccionar ante cualquier historia triste que se le cuente. A ese nivel dispersará con exceso sus energías y sus emociones, y eso lo conducirá a la amargura. Puede tener un rostro hermoso y una esbelta figura, conserva su aspecto juvenil durante años.

Nº 11 COMO NÚMERO DE LA PERSONALIDAD EXTERNA

Supone usted una inspiración para los demás, que ven en su persona un refinamiento y gusto artístico que conmueve el fondo de su alma. Muy probablemente sus esfuerzos artísticos y humanitarios le atraerán prestigio y la fama. Aparece ante los ojos ajenos como el visionario que cree en la igualdad de oportunidad para todos sin tener en cuenta el sexo, el credo o el color. Sin embargo su idealismo puede degenerar en egocentrismo, en cuyo caso sus muchos talentos se disiparán o quedarán inactivos. Entonces su mente buscará para su genio salidas poco saludables, pero capaces de proporcionarle notoriedad. Sus ojos emiten un resplandor espiritual, que impulsa a los demás a perfeccionar sus capacidades potenciales cuando presencian lo que usted ha logrado.

Nº 22 COMO NÚMERO DE LA PERSONALIDAD EXTERNA

Se muestra como el prototipo de la persona capaz, diplomática, que sabe manejar todas las situaciones de manera práctica y eficaz. Dotado de gran poder, ayuda con liberalidad a las organizaciones caritativas o que benefician a un gran número de personas. No obstante ese poder puesto en las manos de una persona, tal vez la conduzca a desear cada vez más y en lugar de servir a sus semejantes lo lleve a explotarlos por avaricia. Entonces se sentirá indiferente a las necesidades ajenas y se corromperá hasta el punto de cometer actos deshonestos.

Nº 33 COMO NÚMERO DE LA PERSONALIDAD EXTERNA

Da la impresión de persona modesta, humilde y caritativa. Parece sentirse atraído hacia los lugares en que se le necesita. Se muestra dadivoso por naturaleza, le gustan los niños y los animales. La gente comprende que puede contarle sus problemas y usted los comprenderá. Su sensibilidad frente a las penas de los demás tal vez lo obligue a olvidarse de sí mismo para bien de otros que, con frecuencia, no tienen la menor intención de mejorar.

Nº 44 COMO NÚMERO DE LA PERSONALIDAD EXTERNA

Tiene un porte disciplinado, casi militar, que inspira confianza en cualquier medio en que se encuentre. Da la impresión de saber adónde va, lo que hace y cómo lo hace. Se trata de una cualidad práctica que reconforta a la gente. Su sentido común le faculta para resolver los problemas cotidianos. De todos modos, puede llegar a sentirse tan inclinado hacia lo terreno que termine por atascarse de exceso de trabajo y responsabilidad. Así perderá de vista la fuente de la que procede y a ese nivel se frenará su progreso espiritual.

NÚMERO DEL DESTINO

El número de la vía del destino nos muestra lo que cada uno debe hacer en esta vida. Lo que ha venido a manifestar.

Este número se obtiene de sumar el total del número del alma, no reducido y el número de la personalidad externa no reducido.

Este número señala el camino que debemos recorrer en esta vida, lo que debe conseguir, lo que debe ser. Aunque pueda modificarse en parte cambiando el nombre, el destino marcado por el nombre que se recibe al nacer se mantiene siempre activo detrás de los cambios y persistirá en sus deseos de expansión a lo largo de toda la vida.

1. COMO NÚMERO DEL DESTINO

En esta vida estará ocupado de sus propios deseos y buscando la autoconservación por encima de todo. Se preocupa poco por sus semejantes, lo cual no es necesariamente malo, puesto que se encuentra aquí para realizarse. Sin embargo, no debe permitir que esto lo arrastre hasta el límite del egoísmo. La vanidad y egolatría deben ser borradas de su camino.

Considérese como un recién nacido en el plano de la tierra, donde deberá aprender las primeras lecciones. Los términos que pronunciará con mayor frecuencia son YO y YO SOY.

La jefatura constituye la palabra clave y deberá aceptar el destino de mandar mientras que otros obedecen. Demostrando confianza en sí mismo y en su capacidad de triunfar obtendrá el éxito en cualquier circunstancia.

2. COMO NÚMERO DEL DESTINO

Su deseo de paz le empuja a adoptar el papel del mediador. Trate de utilizar su tacto innato y su diplomacia para resolver las situaciones difíciles. La energía de mediador supone un don mágico para crear un mundo mejor. Para ello deberá aprender a escuchar. Posee asimismo un agudo sentido de los opuestos, lo que le permite desarrollar su talento por el camino de la creación. Como negativo, puede llevarlo a confusas situaciones de mediador, en las que deberá ser prudente.

3. COMO NÚMERO DEL DESTINO

En esta encarnación, deberá usar su tiempo sabiamente, deberá aprender a no dispersarse ya que posee una tendencia natural a dirigir su energía en demasiadas direcciones a la vez, lo que pospondrá el cumplimiento de su verdadero destino. Debería dedicarse al teatro y desarrollar su capacidad de expresión y comunicación. Puesto que siente una gran inclinación natural hacia las filosofías espirituales, su ocupación puede abarcar desde la terapia aplicada a otros hasta el perfeccionamiento personal. Promueva la amistad entre los semejantes y sea un buen amigo cuando se necesite. Conserve el optimismo como marca personal. Lo negativo, quema de energías a destiempo y falta de organización. Nervios y tensiones, por querer hacer muchas cosas al mismo tiempo.

4. COMO NÚMERO DEL DESTINO

El cuatro es el constructor del mundo, la roca sobre la que se ha formado toda sustancia terrestre. Con esta vibración habitualmente gozará de un pensamiento bien organizado y sabe desenvolverse con eficacia. Emana de una sensación de estabilidad, en consecuencia, los demás confían en usted para obtener un trabajo realizado con eficacia y exactitud. Maneja bien el dinero y encontrará en el mundo financiero un campo fértil para sus talentos. Sus palabras clave son impaciencia, honradez, determinación y confianza. Exige obediencia a su familia y cumplirá sus deberes con abnegación ya sean reales o imaginarios. Su agudo sentido de los valores le hace aborrecer lo mediocre. Sabe que aquello que vale verdaderamente la pena merece que se trabaje y se espere para lograrlo.

5. COMO NÚMERO DEL DESTINO

Indica una vida en la que se producirán muchos cambios y su misión bien puede radicar en promover el progreso mediante una aceptación del cambio. Por definición no se aferra al orden establecido ni profesa ideas o principios anti-cuados. Está deseoso de adoptar nuevos conceptos y nuevos modos de comprensión. Posee la capacidad de presentar lo nuevo en términos lógicos y aceptables. Escalona los cambios y los aprovecha inteligentemente como experiencias enriquecedoras.

Posee el valor y la voluntad necesarios para apartarse de lo viejo y experimentar con lo nuevo. Habla de manera muy fluida y expresiva y sin duda encontrará en la escritura, las conferencias o las ventas una excelente salida para esas dotes.

6. COMO NÚMERO DEL DESTINO

El seis es una vibración hogareña. Le gusta la casa y la vida hogareña. Prototipo de la persona casada, su principal interés se centra en la familia. Normalmente es bueno, respetable, veraz y generoso.

Le agradarán las comodidades y una vida de lujos. Dotado de don de gentes, buen huésped, saluda y se mezcla con todos los presentes. Se siente orgulloso de sus posesiones y le agrada exhibir los talentos y los logros de su familia. Debería adiestrar sus dotes artísticas de manera que le permita compartir con otros su sentido estético y su apreciación de la belleza.

7. COMO NÚMERO DEL DESTINO

La profundidad de su carácter y su seriedad le destinan a ser un profesor de ética. Separa usted psíquicamente lo verdadero de lo falso. Llegará a ser el pensador, el filósofo, el científico, el místico o el fanático religioso cuyo destino está en la mente. Algunos lo consideran algo extraño y difícil de conocer, pero seguirán sus enseñazas y buscarán su consejo cuando se sientan turbados.

Encuentra fuerza en la soledad, sabiduría en los momentos de silencio y fortaleza en el conocimiento de sí mismo. En la antigüedad los nacidos bajo esa vibración eran llevados al templo para sacerdotisas o sacerdotes, ya que todos comprendían sus poderes mentales. Desarrolle esos poderes mentales. El mundo se beneficiará con ello.

8. COMO NÚMERO DEL DESTINO

Posee usted un extraordinario valor y una gran resistencia y alcanzará sus metas por su propio esfuerzo. El destino le depara prestigio, éxitos, y la riqueza. Su perseverancia en su profesión y largas horas de trabajo le conducirán a altos puestos. Sin embargo necesita combinar sus fuerzas materiales con las espirituales y lograr el dominio de sí mismo antes de alcanzar y conservar la posición que ve como la obra de su vida.

9. COMO NÚMERO DEL DESTINO

La perfección es su meta, pero raras veces se conseguirá en este plano de existencia. Le corresponde una misión caritativa, quizás tropiece con muchas pruebas y contratiempos, pero la lección del perdón atenuará esas situaciones. Se esfuerza por vivir el ideal que sea forjado en la vida y espera inspirar a los demás en el mismo sentido. Desea manejar el mundo mediante la filosofía y la filantropía y se impacienta cuando se retrasan los resultados. Le hace falta comprender que la evolución sólo se cumple en ciclos largos de tiempos. Durante su vida conocerá mucha gente famosa, que se sentirá impresionada por la amplitud de pensamientos. Deberá aprender a no apegarse a viejas asociaciones. No podrá limitarse a un pequeño grupo de amigos.

11. COMO NÚMERO DEL DESTINO

Está aquí para servir desinteresadamente a la humanidad. Asuntos cívicos, públicos, comunitarios, ayuda en la mejoría de niveles de vida de los menos afortunados. Viene con poderes psíquicos desarrollados para cumplir esta misión. Lo negativo: permitir que el reconocimiento por los servicios prestados, lo convierta en un vanidoso. La modestia será la clave de su triunfo.

22. COMO NÚMERO DEL DESTINO

Se le otorgará poder y grandes responsabilidades, que deberán ser puestos al servicio de sus semejantes. Se le pide que tome importantes decisiones en proyectos comunitarios, centros de salud, servicio de gobierno, construcción de edificios o carreteras, estar a la caza de instituciones, a las que deberá entregarse con amor y completa honradez.

Lo negativo: si se aprovecha de los puestos en que el Cosmos lo ha ubicado y usara su poder en su propio beneficio, el castigo a su tentación sería muy grave, puesto que este número es el gran Maestro, al que no le está permitido ninguna equivocación.

LOS NÚMEROS OMITIDOS EN EL NOMBRE

Los números en el nombre, a veces llamados números kármicos, señalan las cualidades que cada uno debe desarrollar en esta vida. Representan las cualidades y las aptitudes que hemos de adoptar a fin de expiar los defectos de nuestras vidas pasadas.

Veamos un ejemplo:

$1 + 1 + 7 + 3 = 12/3$ Número del alma

A D A   W Y N N   L U N T

$4 + 5 + 5 + 5 + 3 + 5 + 2 = 29/11$ Número del destino

41/5 Número del destino

$12 + 11 + 14 (1+9+4+0) = 37/1$ Número de la lección de la vida

A ellas añadiremos una nueva vibración numérica. Sumaremos el doble dígito del número del destino con el doble dígito del número de la lección de vida. El resultado es el número de la fuerza.

41/5   Número del destino
37/1   Número de la lección de vida
78/15/6 Número de la fuerza

El número de la fuerza representa una vibración que entra en juego entre los treinta y los cuarenta años y equivale a la combinación de todos los talentos del individuo.

Si examinamos las vibraciones numéricas de Ada, veremos que no se incluyen en ellas los números 6, 8 y 9. Si alguno de estos números interviene en los cuatro números personales o en el número de la fuerza, incluso en cualquier apodo que pudiera usar, esa vibración se halla ya presente en su vida.

Los cuatro números personales de Ada son: 12/3, 29/11/2, 41/5 y 37/1, su número de la fuerza es 78/15/6, pues eliminamos el 6 de los números omitidos. Nos quedan ahora sólo el 8 y el 9, Ada deberá incorporar a su vida las cualidades representadas por dichos números.

Recuérdese que también los diminutivos, los apodos o cualquier cambio en el nombre proporcionarán una vibración en apariencia omitida. Por lo tanto investigue todo nombre posible y todas las combinaciones numéricas antes de decidir que le faltan uno o varios números omitidos.

Los números capitales se reducen para formar vibraciones o sea 11/2, etc.

1 COMO NÚMERO OMITIDO: Necesita estimular en sí mismo las cualidades de mando, valor y osadía. Importa mucho que aprenda a tomar decisiones y a controlar cualquier situación que requiera esfuerzo. Necesita afirmar su individualidad, a fin de que se le oiga y se le preste atención. Ha de aprender a ser el primero y el mejor en algo y a salir del paso en situaciones nuevas y no experimentadas. Ejerza sus instintos de pionero y atrévase a ser usted mismo.

2 COMO NÚMERO OMITIDO: Debe aprender el arte sutil de la cooperación, el tacto, la diplomacia. Trabajar en asociación con otros requiere poner algo de su parte. Aprenda a permanecer en segundo plano en caso necesario. Cuando alguien comprende cómo piensa y siente otra persona, se pone en comunicación con sus propias emociones y sentimientos, ya que advierte las reacciones que provoca en los demás. Desarrollando una conciencia de los opuestos, incrementará su potencial creativo.

3 COMO NÚMERO OMITIDO: Necesita aprender a autoexpresarse. Estimule sus talentos comunicativos entrenándose en el arte de la palabra, mediante la representación teatral, la oratoria, los idiomas, etc. Con objeto de llegar a ejercer una influencia sobre las vidas de otras personas. Habrá de adoptar un punto de vista feliz y optimista y derrochar entusiasmo y alegría por donde quiera que vaya. Necesita un mayor trato social, más entretenimientos. Viaje, ensanche su mente y estudie sus oportunidades. Cuide su apariencia, ya que esta ejercerá una influencia manifiesta sobre las personas que le conozcan.

4 COMO NÚMERO OMITIDO: Debe adoptar un modo de vida ordenado, sistemático, que le permita una existencia estructurada. Aplique sus energías en forma tangible, mediante el trabajo asiduo y la disciplina. Cuide sus finanzas y mantenga sus cuentas al día. Vuélvase económico y práctico, constante y digno de confianza. Utilice la razón para llegar a sus conclusiones. Sepa que en eso consiste precisamente el ser la Sal de la tierra. Puesto que su vida necesita una base firme, asiéntela sobre la piedra angular del orden, la lógica y el trabajo asiduo.

5 COMO NÚMERO OMITIDO: Necesita aprender a ajustarse a los cambios y a ser más versátil. Debe estimular su sentido de la libertad, física, mental y espiritual, de modo que se exprese el lado más aventurero de su naturaleza. Necesita viajar y relacionarse con diversos tipos de persona, a fin de elevar y ampliar la perspectiva de su vida. Desarrolle su mente y aprenda a comunicarse con los demás en forma efectiva. Su mente supone su mayor recurso y debe utilizarla en su máximo potencial.

6 COMO NÚMERO OMITIDO: Debe expresar más por sus semejantes. El seis es una vibración hogareña y su falta indica la necesidad de profundizar los lazos de afecto con quienes forman su familia inmediata y su medio ambiente. Tiene que desarrollar un sentido de responsabilidad personal con respecto al bienestar de quienes forman su comunidad. Prestando atención a las necesidades de los demás, incrementará su capacidad de ver los dos lados de un problema y, por consiguiente, aumentará su talento para formular juicios atinados. Este aguzado sentido del equilibrio intensificará su sentido artístico y le ayudará a sacar a la superficie capacidades de creación que mantenía ocultas. Entonces emergerá el artista que duerme en usted.

7 COMO NÚMERO OMITIDO: Necesita desarrollar su mente y su parte intuitiva y filosófica. Abandone de vez en cuando el mundo material y aprenda, penetrar en sí mismo, a meditar y a ponderar la sustancia de su propio ser. Las excursiones solitarias al campo o a la playa deberían formar parte de su programa anual. Durante esos períodos de aislamiento, su imaginación creativa vagará libremente para explorar el mundo del pensamiento. Estimule su percepción, a fin de no dejarse engañar por las apariencias externas. Estudie filosofía, religión y metafísica para ensanchar su mente.

8 COMO NÚMERO OMITIDO: Le conviene canalizar sus energías en el mundo material, con objeto de alcanzar una posición de liderazgo. Desarrolle su sentido de los negocios. Ha de representar el papel del jefazo, el ejecutivo que organiza y dirige grandes negocios. Su ambición habrá de consistir en hacerse un lugar en el mundo financiero, donde su fortuna puede acrecentarse fácilmente. Este número concede resistencia y voluntad y, gracias a esas cualidades, se convertirá sin dificultad en un destacado atleta. El uso apropiado de esta vibración le aportará el prestigio en el mundo financiero o en el de los deportes, pues al utilizar sus dotes contará con la fuerza y la determinación precisas para salvar todos los obstáculos y alcanzar sus objetivos.

9 COMO NÚMERO OMITIDO: Debe convertirse en el universalista, en la persona humanitaria cuya preocupación primaria consiste en el bienestar de los demás, desarrollar su amplitud de pensamiento y un amor universal por sus semejantes.

Los estrechos lazos personales han de ocupar un segundo lugar ante lo que tiene para usted prioridad absoluta, es decir, compartir con el mundo su conocimiento espiritual e inspirar a aquellos cuyas vidas aparecen sombrías y sin esperanza. Sirva de ejemplo a los demás mostrando su naturaleza compasiva y comprensiva. No permita que se pongan límites a su pensamiento. Atrévase a soñar los sueños más altos y a intentar hazañas imposibles. Sea creativo, amante y comprensivo.

PLANOS DE LA VIDA

Para ver en qué estado espiritual nos encontramos, existe un método sencillo, basado en los nombres completos y ambos apellidos de la persona (paterno y materno), o en su defecto, colocar el nombre que se conozca.

La gente se divide en plano mental, físico, emotivo e intuitivo.

PLANO MENTAL
Todos los números 1 y 8 (A, J, S Nº1) (H, Q, Z Nº8)

PLANO FÍSICO
Todos los números 4 y 5 (D, M, V Nº4) (E, N, W Nº5)

PLANO EMOTIVO
Todos los números 2, 3 y 6 (B, K, T Nº2) (C, L, U Nº3)
(F, O, X Nº6)

PLANO INTUITIVO
Todos los números 7 y 9 (G, P, Y Nº7) (I, R Nº9)

MAYORÍA Nº1: Líder, originador de ideas, independiente, gran pensador. A veces cabeza dura y ególatra.
(vive en el plano mental)

MAYORÍA Nº8 : Ejecutivo que ambiciona el poder, orgulloso, no obedece órdenes, exhibicionista, quiere ser jefe.
(vive en el plano mental)

MAYORÍA Nº 4: Responsable, eficiente, muy trabajador y sumamente práctico. Poco imaginativo. No se adapta fácilmente a nuevas ideas. (vive en el plano físico)

MAYORÍA Nº 5: Inquieto, no rutinario, el típico promotor y vendedor. Ideas originales, gusta del cambio y de la aventura. No es práctico, como el Nº 4. (vive en el plano físico)

MAYORÍA Nº2: Tiene poca confianza propia y por lo tanto no le conviene independizarse solo, sino en sociedad, sensible, imaginativo, sentimental y siempre preocupado de todo. Es espiritual y amante del arte en todas sus formas.
(vive en el plano emotivo)

MAYORÍA Nº3: Tendencia al desorden y falto de sistema. Creativo, impulsivo, artístico y con talento literario. También es versátil y tiende a dispersar su talento. Las tareas manuales no están hechas para el nº3. (vive en el plano emotivo)

MAYORÍA Nº6: Interesados por la comunidad en que viven. Necesitan familia y hogar. Son responsables y se puede fiar de ellos. Artista, práctico. Los hijos podrían causarle disgustos. (vive en plano emotivo)

MAYORÍA Nº7: Solitario y bastante, insociable. Analítico, psíquico y con percepción extrasensorial. Buen científico, reservado y raro de entender. Le interesa todo lo oculto.
(vive en el plano intuitivo-espiritual)

MAYORÍA Nº9: Vive bastante desapegado de los intereses terrenales. Gran pensador, generoso, desinteresado y compasivo. Puede trabajar bien en todo proyecto universalista. Inclinado a lo dramático. Desea secretamente la aprobación de los demás. A menudo es soñador incomprendido.
(vive en el plano intuitivo-espiritual)

Generalmente, en el nombre se tiene números en todos los planos, pero no en igual cantidad. Para ver dónde «Funcionamos» mejor, nuestro NOMBRE nos dará la clave en los números que se destaquen por su mayoría.
Ejemplo: (nombre supuesto)

JAVIER ERNESTO PARRA LÓPEZ
114959 5955126 71991 36758

Un método fácil y rápido para colocar las letras es el siguiente:

1) j, a, a, a, s
2) t
3) l
4) v
5) e, e, n, e, e

6) o, o
7) p, p
8) z
9) i, r, r, r, r

Veamos que se destacan,   el uno (1) cinco veces
el cinco (5) cinco veces
el nueve (9) cinco veces
el seis (6) dos veces
el siete (7) dos veces

Deficientes   el dos (2)
tres (3)
cuatro (4) una vez
y ocho (8)

Esto nos indica que Javier se manejará con mayor soltura y equilibradamente dentro de los planos mentales, físico y emotivo espiritual.

Tendrá la tendencia a ser líder, originador de ideas, independiente, gran pensador. A veces cabeza dura yególatra. Persona inquieta, por lo general no rutinario, el típico promotor y vendedor de ideas originales, gusta del cambio y de la aventura. Vive bastante desapegado de los intereses terrenales. Gran pensador, generoso, desinteresado y compasivo. Puede trabajar bien en todo proyecto universalista. Inclinado a lo dramático. Desea secretamente la aprobación de los demás. A menudo es soñador incomprendido.

De las características de estos planos después habrá que investigar con qué letras se conecta más y qué aparte de sus actitudes estarán bañadas a veces con otros planos y deberá trabajar más arduamente en los planos deficientes.

SUS AÑOS IMPORTANTES

Contando todas las letras de sus nombres y los dos apellidos, indicará un ciclo capital. A veces se demora o adelanta un año en todos los casos. Luego al reducir a un solo dígito la suma total, será un año de menor importancia, pero a tener en cuenta por sucesos venideros.

Tomemos un nombre supuesto:

FRANCISCO LUIS GARCÍA FERNÁNDEZ: 28 letras

A los 28 años tendrá lo más importante de su vida, quizá se case, viaje, se reciba en una carrera, etc. La letra z, al final del conjunto de nombres, nos dirá al respecto cuando la ubiquemos en las casas zodiacales.

Luego pronostica una vida bastante activa, porque suma

$$2 + 8 = 10 \quad 1 + 0 = 1$$

Habrá entonces cada año, en este caso, situaciones cambiantes.

Observando el nombre:

JORGE LUIS BORGES ACEVEDO, contamos 22 letras.
Reduciendo será 2 + 2 = 4

Volviendo al tema, cada 22 años sería lo más importante de su vida y cada 4 años le marcaba sucesos por vivir. Si sumamos 4 veces 22 nos da 88 años, y Borges falleció a los 87 años.

Claro que no siempre anunciará este resultado, pero sí nos anunciará algo de suma importancia o algún evento, que muchas veces si lo vemos a tiempo podría cambiar el curso de nuestra vida.

LOS AÑOS QUE SUMEN IGUAL SERÁN DE SUMA IMPORTANCIA

Ejemplo: 1914 Primera guerra mundial; 1941, los mismos contendientes entran en guerra...

Un suceso ocurrido en la vida de las naciones o de las personas, tendrá las características de repetición o será definitivo en algo trascendental, cuando la suma de los números del año dé igual al acontecimiento anterior.

TABLA DE PREDICCIÓN

Otra herramienta simple que nos otorga el estudio de nuestro nombre, es la posibilidad de predecir con qué energías nos vamos a conectar cada año de cumpleaños a cumpleaños, partiendo desde nuestro día de nacimiento.

Desde nuestro primer aliento el universo nos entrega la posibilidad de vivir en armonía con nosotros mismos y el nombre nos proporciona un indicativo de por dónde andamos.

Veamos:

Antonio Pablo K nació el 12-9-1999

A 12-09-99   al   11-09-2000
N 12-09-00   al   11-09-2001
T 12-09-01   al   11-09-2002
O 12-09-02   al   11-09-2003
N 12-09-03   al   11-09-2004
I 12-09-04   al   11-09-2005
O 12-09-05   al   11-09-2006

P	12-09-06	al	11-09-2007
A	12-09-07	al	11-09-2007
B			
L			
O			
K			

De este modo podemos ver que el señor Antonio, desde el día de su cumpleaños 12-09-2007 al 11-09-2008, se verá influenciado por la letra: lo que nos estará indicando que durante ese año tendrá la oportunidad de nuevos comienzos, en negocios, amores, viajes, etc. También será un tiempo de aprender la lección de la confianza en sí mismo, autodisciplina, la autovaloración.

Como indicador de salud: estar atento a los pulmones y a todas las enfermedades del aparato respiratorio.

EL MISMO SISTEMA SE PUEDE UTILIZAR PARA INDAGAR SOBRE CADA MES DEL AÑO.

Made in the USA
Las Vegas, NV
20 April 2022